A MÃE tá OFF

© 2021 by Sheila Trindade

DIREÇÃO GERAL: **Eduardo Ferrari**
COORDENAÇÃO EDITORIAL: **Ivana Moreira**
CAPA: **Sheila Trindade**
PROJETO GRÁFICO E DIAGRAMAÇÃO: **Estúdio EFe**
ILUSTRAÇÃO: **Paulo Stocker**
REVISÃO DE TEXTO: **Gabriela Kimura**

Dados Internacionais de Catalogação na Publicação (CIP)
(eDOC BRASIL, Belo Horizonte/MG)

T833m   Trindade, Sheila.
     A mãe tá off / Sheila Trindade; com nanquins de Paulo Stocker. –
São Paulo, SP: Literare Books International, EFeditores, 2021.
     104 p. : il. ; 14 x 21 cm

     ISBN 978-65-5922-146-2

     1. Literatura brasileira – Crônicas. 2. Maternidade. 3. Pais e
filhos. I. Stocker, Paulo. II. Título.
                                   CDD B869.3

Elaborado por Maurício Amormino Júnior – CRB6/2422

Esta obra é uma coedição EFeditores e Literare Books Internacional. Todos os direitos reservados. Não é permitida a reprodução total ou parcial desta obra, por quaisquer meios, sem a prévia autorização do autor.

EFeditores Conteúdo Ltda.
Rua Haddock Lobo, 180 | Cerqueira César
01414-000 | São Paulo - SP
(11) 3129-7601
www.efeditores.com.br
editora@efeditores.com.br

Literare Books International
Rua Antônio Augusto Covello, 472 | Vila Mariana
01550-060 | São Paulo - SP
(11) 2659-0968
www.literarebooks.com.br
contato@literarebooks.com.br

Esta obra integra o selo "Filhos Melhores para o Mundo", iniciativa conjunta das editoras EFeditores e da Literare Books Internacional
www.cangurunews.com.br

O texto deste livro segue as normas do
Acordo Ortográfico da Língua Portuguesa.

1ª edição, 2021
Printed in Brazil | Impresso no Brasil

SHEILA TRINDADE

COM NANQUINS DE PAULO STOCKER

São Paulo/2021
1ª edição

DEDICATÓRIAS

Ao meu melhor amigo e marido Zeca, que sempre me incentivou e ajudou revisando até os textos que falavam mal dele. Obrigada por rir e chorar comigo!

Aos meus filhos Samuel, Bernardo, Luiza e João, que são a inspiração da minha vida e fonte de todas essas (boas e loucas) histórias.

E à minha mãe Rosângela que, se estivesse aqui, seria apaixonada por eles. Tudo isso foi para te orgulhar, mãe!

SUMÁRIO

Apresentação..07

Só sendo uma louca para entender outra....................10
Eu não sumi, eu tive um filho......................................13
Sua desmemoriada!..15
Quando nasce uma mãe..17
"Eu tenho, você não tem"..20
Eu nem sei o que estou fazendo...................................23
Que mãe nunca...26
Iludida, eu?..29
Eu odeio pracinha..32
A mãe mais feliz do mundo..35
Férias? Para quem?..37
Todo mundo perfeitinho...39
Não tem nada mais lindo que criança comendo brócolis...............42
As tradições que eu não quero seguir..........................45
Mãe das antigas..48
Sou uma mãe descolada?..51
Fa-mí-lia...54
Sou uma ladra...57
A última árvore da rua...60
Matei a planta..63
Baby Coach..65
Mesa de cabeceira de adulto..67
Os bichinhos do dente..69
Sincerona..71
Entrevista de emprego..75
Mãe, sua depravada!..77
Minha vida sexual é pública..79
Meu filho não quer que eu transe................................82
Mães não são confiáveis..84
Eu sei que sentirei falta..86
Quarentena das mães...88
Mêsversário é coisa de primeiro filho.........................91
Para um casamento dar certo......................................93
Filhos são boas desculpas para não sair de casa.........95
Aquele com todos os cocôs..98
A mãe moderna em quarentena não tem um dia de paz..................101

APRESENTAÇÃO

Oi, meu nome é Sheila, sou casada, escritora e mãe não de uma ou duas, mas de quatro crianças. Sim, você leu direitinho. Eu sou aquela louca que parece uma hippie cheia de filhos que adoram brincar descalços e às vezes comem terra. Eu pago de descolada com meus filhos e nas redes sociais, mas de vez enquanto eles me colocam na prateleira das mães que precisam de ajuda para decifrar a impressora e me apresentam o novo app da moda que, inclusive, eles me ensinaram, não se fala "a-p-p", mas "ééépi", assim mesmo, exagerado.

Não sei quando você lerá este livro, mas eu escrevi durante a pandemia. Enquanto a galera estocava papel higiênico, eu estocava palavras e histórias loucas de um tempo em que abraçar e dividir a massinha não era perigoso. No tempo que era ok dar uma lambida no picolé do amigo, os bebês trocavam as chupetas e você só percebia quando chegava em casa, no tempo em que todo mundo não cheirava a álcool em gel e nossas mãos não eram tão ressecadas.

Escrever enquanto todos ficávamos confinados em casa foi uma terapia e uma loucura ao mesmo tempo, porque acumulei além do normal funções que definitivamente eu não gostei nem um pouco de acumular. Era escritora, gestora de conteúdo digital, professora, cozinheira, faxineira e de quebra ainda tinha que dar banho de álcool em pacotes de batatinhas fritas que eu trazia do supermercado. Nada disso era divertido, atrelado ainda ao medo de pegar Covid, é claro.

Parecia o fim do mundo e diante desta nova realidade, enquanto o povo corria para comprar álcool em gel para vender superfaturado, enquanto a gente analisava na rua quem tinha a máscara mais feia e morria de medo vendo o telejornal, eu percebi que escrever minhas histórias loucas, seria divertido.

Toda mãe tem boas histórias. É só sentar e puxar conversa. Algumas coisas a gente tem vergonha de contar, eu sei. Sempre existe aquele tipo de mãe mais caladona e a gente chega a fantasiar uma vida muito louca por trás da tanta discrição. Contrapondo a este tipo de pessoa, existem mães como eu, que não têm um pingo de pudor em contar que esquecem o nome dos filhos e que às vezes, até trocam pelo nome do cachorro. A última vez que comentei isso fui metralhada por olhares julgadores. Eu costumava me importar com esses olhares, mas a quarentena me desacostumou ao contato humano.

Contar assim, à distância, histórias loucas e não estar ali de frente observando a reação das pessoas é bem mais fácil. Claro, muito perigoso também. A gente esquece que um dia as aulas presenciais voltarão, um dia as pracinhas estarão cheias novamente e nas reuniões de colégio eu terei que encarar as outra mães rindo e me julgando. Só de pensar me deu dor de barriga, fobia social. Mas eu não consigo conter. Desde de que reparei que existem situações que só acontecem comigo. Como quando minha filha invadiu o campo de futebol americano no meio do jogo e foi atropelada por um Running Back, que inclusive, não conseguiu fazer o touchdown e perdeu o jogo. São coisas que só acontecem comigo. Me diz aqui: já aconteceu algo parecido na sua casa? Difícil foi explicar no jantar de Natal o ocorrido.

Minhas histórias são sempre muito difíceis de explicar, mas são boas, por isso me esforço um bocado para ignorar meu medo do quão louca irão achar que sou. Eu só espero que as mães entendam que apesar de pagar de descolada nas redes sociais e escrever um monte de histórias que normalmente as pessoas teriam vergonha de contar, pessoalmente, não me acho tão legal assim. Vai por mim, sou muito mais legal no livro. Espero que você se divirta e sinta-se à vontade para rir da minha cara. Se a gente se encontrar um dia, eu abro uma exceção e te deixo rir de mim pessoalmente. Já estou me acostumando e aprendendo a rir também.

CAPÍTULO 1

Só sendo uma louca para entender outra

Pode parar com essas fotos bem tiradas com a hashtag "maternidade real" porque todo mundo sabe que de real nem a luz da fotografia é. Assuma logo esta loucura contida e permita-se gritar "eu não sei" à milésima pergunta sem pé nem cabeça do dia. Você não tem a obrigação de procurar no Google o som que o coelho faz, dá para simplesmente dizer que não sabe.

E está tudo bem. Seu filho não ficará profundamente traumatizado por causa disso, conseguirá se desenvolver socialmente e no futuro não entrará para uma gangue, pelo menos, não por este motivo. Não é possível que a maternidade se resuma a achar resposta para tudo.

Avise à prole daí que é normal não saber das coisas. A vida não nos dá todas as respostas de mãos beijadas, porque nós, mães, precisamos ter?

Liberte-se da obrigação de ter que se sentir culpado por oferecer pizza no jantar de sexta, quando na verdade, você não se importa nem um pouco. Eu sei o que as pesquisas dizem. Sei o quanto elas confundem e despertam o peso da consciência.

E é exatamente no momento em que a culpa alcança o nível "criador da bomba atômica" que aparece mais uma pesquisa do tipo "crianças que comem brócolis nos dias ímpares seguindo o calendário chinês nos anos bissextos têm maior chance de serem bem-sucedidas".

Pesquisas inúteis, por gente que não tem muito o que fazer e compartilhada por gente que precisa de aceitação em meio a um mar de aparências. Ninguém precisa se sentir culpado por fazer o possível na maternidade. Ninguém. Existe muita mãe envergonhada de suas escolhas por causa de gente que não tem vergonha do que diz. E fique tranquila, todas nós surtamos de vez em quando.

Dia desses, indo buscar os meninos na escola, peguei a bolsa, chaves, celular, lenço umedecido, saio na porta, estou de calcinha e sutiã e sem o bebê, só com uma fralda de boca pendurada no ombro. "Quanta sensualidade", pensei. Ao compartilhar minha falta de eixo, recebi uma chuva de mensagens de mães tão esquecidas quanto eu.

A coisa mais maravilhosa é descobrir que todo mundo é um pouco louca e quando a loucura é parecida a gente se apega, vira amizade de manicômio supersaudável. No fundo, mesmo ao julgar uma coleguinha, sabemos que aquela mãe ali com o olhar perdido ao observar a pirraça pública do filho, não dorme há dias, quem sabe, há anos.

Sabemos que alimentar-se e tomar banho é um luxo daqueles e é neste ponto da vida que cogitamos a ideia de doar um braço e, talvez até trocar filhos por hamsters em um anúncio dos classificados, à procura de paz. Eu sei, já pensei isso pelo menos duas vezes no último mês.

Então, visando a total transparência entre as mães, confesso que já fingi que o filho não era meu ao perceber que o bendito roubava brigadeiro na mesa de doces da festinha do amigo, não acerto uma única vez o nome dos meus filhos, sempre troco.

Já fingi que dormia só para meu marido ir cuidar da criança que acordou de noite, já entrei no banheiro fingindo fazer cocô só para ficar em paz, já comi doces com o rosto escondido dentro do armário da cozinha para que não me vissem, já vesti uma meia de cada par e menti dizendo que era de propósito. Já fiz tudo isso e farei muito mais, eu acredito.

Talvez toda esta loucura seja passada pelo DNA. Minha mãe colocava tênis ainda úmido em mim e eu jurei jamais fazer o mesmo com meus filhos. Cá estou com minha cara de paisagem ao lembrar da vez que usei um secador de cabelos em um uniforme de escola que eu havia esquecido de colocar no varal.

Antigamente eu usava o ferro de passar roupas, mas de tanto colecionar queimaduras, passei para o secador que, inclusive, é bastante versátil, tira até carne congelada do freezer.

Hoje, no entanto, faço nova promessa de jamais voltar a estes velhos hábitos. Desculpa aí, é que meu secador queimou. O coitado não aguentou a pressão de ser o meu tudo.

O fato é que toda mãe tem um pouco de louca e histérica, algumas só conseguem disfarçar melhor que as outras.

CAPÍTULO 2

Eu não sumi, eu tive um filho

A frase é sempre a mesma: você sumiu. E eu me pergunto: de onde? Penso e repenso. Só uma coisa me vem à mente: eu não sumi, tive um filho, mais especificamente, quatro.

Antigamente eu poderia frequentar qualquer ambiente, qualquer lugar me agradava, não fazia questão de banheiro com trocador, de comida saudável e confiável, de música calma e/ou baixa. Qualquer canto me servia, qualquer lado me bastava, qualquer lugar me cabia. Agora, no entanto, não posso me dar ao luxo.

Sei que às vezes troco o mais interessante dos papos por um sofá e TV ligada só para dormir um pouquinho. Provavelmente, recusarei seus convites, mas não custa tentar não é mesmo? O que custa simplesmente ligar e procurar saber das novidades, mesmo que não haja nenhuma?

Aquele filme novo no cinema? O que passou ontem no Jornal Nacional? As tendências de moda, só se for gestante ou nem isso. Eu não fui viajar, apesar de tão distante da minha rotina e antiga vida. Não estou doente, apesar da necessidade de algum cuidado e às vezes duvido da minha sanidade diante desse mundo novo. Estou bem aqui. E sinto-me invisível.

Eu entendo o quanto deve ser desconfortável conversar com alguém que agora é mãe e só sabe falar sobre isso. Sei como deve ser constrangedor vir visitar-me e do nada a louca tirar o peito na frente de todo mundo para amamentar. A conversa sem nenhum pudor sobre consistência das fezes e falta de depilação.

Coisa de louca mesmo, né? Eu mesma achava esquisito antes. Nem um bom lugar para sentar tem disponível, há brinquedos, cobertores e fraldas espalhadas por todo canto. Te convido para entrar com um certo frio na barriga. Não tenho nem uma cerveja gelada para te oferecer. Tem leite com chocolate. Você quer?

CAPÍTULO 3

Sua desmemoriada!

— Como você dá conta de quatro? Eu com um já surto...

Funciona assim: você tem o primeiro. Dói o peito, a barriga e as costas. Dói de tudo um pouco. O parto, como o próprio nome diz, é um parto. E depois tudo dói novamente. As noites longas amamentando e ninando. Os dias de sol que vemos nascer com o bebê nos braços e que não aproveitamos presas em casa, excluídas da sociedade, afinal, poucos lugares nos acolhem bem e ao nosso bebê. E sim, claro, a solidão que nos acompanha por muito tempo.

Olhamos aquele ser que, por ser a mãe, obrigatoriamente você tem que achar bonito, mas na verdade tem cara de joelho russo de criança que brincou na areia. Às vezes acho que se colocarem todos os bebês numa sala e soltarem as mães para acharem seus filhos, sei lá se achariam. Eu não acharia, confesso.

No pós-parto olhamos para o bebê e pensamos no drible que daremos no universo caso ele queira nos dar outro. O tempo vai passando, os traços e rastros de que há um bebê em casa vão se apagando e dando lugar à primeira infância que também tem seu charme, porém nada na vida encanta mais que um bebê perfumando a casa.

Toda grávida fala da falta de memória, mas a sacada mais genial do universo poucos percebem: ele nos faz esquecer que não queríamos outro filho de jeito nenhum. Esquecemos todas as dores, só nos lembramos do cheirinho, pés gordinhos e do quanto fomos mimadas na gestação. Lembrarmos das hemorróidas, gases constrangedores, xixi ao rir ou tossir e azia, necas!

Tome cuidado porque daqui a pouco estará como eu, hippie com cara de louca, quatro filhos, numa manhã de domingo sentados em frente ao supermercado esperando o táxi, sujos e suados de tanto brincarem na pracinha, o carrinho de compras lotado de leite, biscoitos e fraldas, os transeuntes na dúvida se cumprimentam ou dão um litro de leite em solidariedade. Cuidado, hein?

CAPÍTULO 4

Quando nasce uma mãe...

Eu sei que quando nasce um bebê, nasce também uma mãe e já em seu primeiro segundo de vida nasce um coque. Grudadinho, como uma segunda pele, o pijama. As olheiras para completar o look e assim sem mais nem menos, aparece tatuado em nossa testa "eu não sei nada do que estou fazendo". Não importa se é a primeira ou vigésima gestação, a tattoo está lá. Você pode fazer cara de que sabe, pode até ser o assunto mais besta do mundo. Na hora do pitaco aparece gente até saindo da tomada para dizer o que você tem que fazer.

Você, mãe de primeira viagem, acha que é uma cruz só sua? Não. Você, mãe aos vinte e poucos, acha que é só contigo? Essa carinha de dezessete-alguma-coisa parece te sabotar? Necas! Acontece com todas nós. Sou mãe de quatro filhos, mulher adulta com os meus 33 anos, os criei sem o auxílio de babá, mãe, sogra ou afins, desde curar umbigo até fazer trabalho de escola, e mesmo assim há quem apareça para dizer como devo me portar, o que devem comer, quando comer, dormir, se escovaram os dentes direito. É uma eterna patrulha ao que sou como mãe. Um rigoroso padrão de qualidade para cuidar da vida alheia.

— Corre, corre, que ele tem que estar sentado com seis meses e dormindo a noite toda desde os três. Tem que engatinhar lá pelos oito, se for aos dez já é atraso e preocupante, viu? Ó, já deu os primeiros passinhos? Cuidado com esse pé torto. Deve estar com problema ortopédico. Esse andar na ponta do pé é com certeza músculo atrofiado.

Diariamente somos massacradas por uma corrida muito desleal, essa de ter um filho melhor que outro. Eu não entendo o prazer quase visceral em dizer que tal criança já dorme sozinho no berço a noite toda desde os três meses, que já anda desde os oito e tem um vocabulário de botar inveja em muito dicionário informal online por aí. Sinceramente, eu não entendo.

Se fosse para ajudar, mas não. É para espetar mesmo. E espeta sorrindo, com classe, saltitante, tão angelical que ficamos sem graça de retrucar com uma frase malcriada. É estratégico! E acontece há tanto tempo que se tornou banal.

Nós mães não aguentamos mais ouvir perguntas, lê-se cobranças, sobre o desenvolvimento do bebê. Aparecer para auxiliar, assim no meio da semana, dando um balão de oxigênio para uma pobre mãe cansada e sem fôlego, ninguém aparece. Porém, para dar pitaco, brota gente da fechadura, do ralo da cozinha, de dentro do vaso de planta, brota-se de tudo quanto é canto.

E você quer saber? A realidade? Nua e crua? Toda criança tem seu tempo. Se poupe! Me poupe!

Eu não espero e nem luto tanto assim para ser uma mãe perfeita. Faz tempo que joguei o manual pela janela e algum tempo mais que faço campanha, que gostaria de queimá-los em praça pública com placas e entoando gritos de guerra: "Sou mãe e sou real," "Abaixo a ditadura da perfeição materna!", "Se dê ao luxo de errar e não se culpar". Com os erros aprendemos e mesmo com tanto aprendizado, não devemos nos cobrar pela sabedoria excessiva. Que chato seria se o mundo fosse assim!

E apesar da desconfiança alheia que me sabota o orgulho das decisões que tomo, eu sou a melhor mãe que meus filhos poderiam ter.

CAPÍTULO 5

"Eu tenho, você não tem"

Eu nunca tive orgulho em ser a mãe que dormia a noite toda, conseguia manter a vaidade e vida sexual em dia. A gente sofre um certo preconceito, nas rodinhas de conversa não temos voz.

— Ah, você não tem o que reclamar, dormiu a noite toda.

Dia desses tirei um cochilo à tarde, acordei em cima da hora de buscar a criança na escola. O olho inchado, um risco no meio da cara causado pela fronha amarrotada, marcas que comprovaram meu completo desleixo pela maternidade sofrida que tanto se ostenta por aí. Coloquei os óculos escuros enormes para esconder a humilhação de não ter o que reclamar.

É isso: olheiras são as novas tesourinhas do Mickey "eu tenho você, não tem". Eu tive uma dessa quando era criança, saudade de quando era aceita em sociedade.

No parquinho da escola, sou da turma dos "de boa". A gente não liga se o filho está descalço ou comendo terra. Não liga se estão indo alto no balanço ou correndo demais com o velotrol. Estamos de boa, somos liberais, hashtag vida loka. Ficamos lá no fundo, vivendo o lado hippie da maternidade.

Do outro lado a turma dos bitolados. Passam o tempo todo dizendo como o filho deve brincar, correndo atrás com um lenço umedecido antibacteriano para evitar sujeira e reclamar. Basicamente, eles reclamam. Dia desses tentei sentar perto dessa turma. Estavam falando sobre dieta, sobrepeso e como não conseguem voltar ao corpo de antes da gestação. Na minha cabeça eu só pensava no quanto meu corpo suportou e se transformou, as cicatrizes são como marcas das guerras que travei e venci. Eu não poderia pedir que este corpo voltasse ao que era antes, porque aquela mulher nem existe mais. Mas poxa vida, eu queria me enturmar:

— Fiquei sabendo de uma nutricionista ótima que faz o cardápio seguindo nossos gostos e horários.

Claro, se ela fizesse um para mim, seria baseado em chocolate à uma hora da madrugada, horário em que assisto a séries. Fingi naturalidade. Não convenci ninguém.

E para nenhuma dessas turmas posso assumir minha falta de olheiras. Mesmo os hippies estão exaustos. Dia desses uma mãe sentou ao meu lado, a roupa suja de farinha, cabelo desgrenhado, unhas pedindo socorro e um furo na calça larga. Conversamos numa boa enquanto sua filha brincava na terra ao lado da minha. Cheguei a pensar que tinha uma colega de farsa, mas outro dia mesmo a encontrei escondida sentada na escada devorando um pacote de biscoito de polvilho, o olhar longe pensando quem sabe nos boletos, quem sabe na noite mal dormida. A filha corria lá no parquinho curtindo sua liberdade temporária. Até mesmo a minha mãe hippie favorita sucumbiu a hashtag maternidade real. Eu, porém, ainda não, mas finjo que sim.

Ando por aí meio curvada, com cara abatida, reclamando que não transo há meses e que a depiladora manda lembranças, quando na verdade, está tudo ok.

Dia desses minha tia levou Luiza para um passeio porque ouviu por aí que eu parecia estar cansada. E eu lá vou desmentir?

— Está cansada, Sheila?

— Nossa, muito.

E sorrio assim que viro as costas.

CAPÍTULO 6

Eu nem sei o que estou fazendo

Eu sei que pareço feliz na foto. Aquele ar de superioridade de quem sabe o que está fazendo e sabe lidar com tudo que me cerca, mas por dentro, sou puro desespero.

Finjo ter jogo de cintura, mas tomo cada drible das crianças que me parece um jogo de Madureira e Flamengo. Eu sou o Madureira, claro. Sorrio e aceno dissimuladamente enquanto meu coração acelerado e encurralado pede colo, meu cérebro traça um plano de fuga.

Olho para os lados e procuro uma escada de emergência, um "EXIT" em alguma porta, olho para o céu em busca de luzes, alguma nave espacial que me abduza, eu só quero chorar. Quero dormir, comer comida quente, transar em paz, escovar os dentes, dormir, fazer as unhas, ler, eu já falei dormir?

Paixão transcendental pelos filhos pode existir. Pela maternidade eu acredito que não. Gostaria sinceramente de ter filhos sem ser mãe. Mãe não tem nome. Não pode sair sozinha, não transa, não fica doente, não come nem dorme. Como alguém pode viver assim e dizer que é feliz? Mas meus filhos? Nossa! Como sou louca por eles!

Essa pressão para vivermos e gostamos de viver uma vida que não reconhecemos como nossa, adoece muitas mulheres. Por todo canto que vemos é o enaltecimento do sofrimento materno como prova de amor. Boa mãe é aquela infeliz ali que só pensa nos filhos. Que reclama o dia todo do cansaço, mas dedica a totalidade do seu tempo em fazer aquele pequeno Gremlin feliz.

Nada de eletrônicos até os 3 anos, comida só natural e caseira, criação com apego, disciplina positiva, a paciência de Carlos González e a desenvoltura de Gisele Bündchen fazendo a unha, o cabelo, posando e amamentando ao mesmo tempo. É muita pressão!

Quando disse pela primeira vez a frase "coloque a máscara primeiro em você" para uma amiga recém-parida ela me olhou de cima abaixo como se eu fosse louca, insensata, até mesmo cruel ou usando a terminologia famosa do momento, #badmom. A verdade, nua e crua que todas nós deveríamos saber, é que não dá para cuidar de ninguém se não cuidarmos de nós mesmos primeiro. Sei que na prática o último prato a ser servido é o seu, a última a ser arrumar, a ir para a cama, a primeira a se levantar. Eu sei. Comigo também não é diferente.

Em meio a todo o caos ainda temos que manter a pose como se realmente soubéssemos de tudo. Não. Não sabemos. E assumir que não sabemos estraga aquele ar de superioridade que costuma vir com o pacote "mãe".

Francamente, eu não me importo com o pacote, a embalagem, muito menos. Quero que o conteúdo seja leve como uma Lay's, assim mesmo, crocante, feliz e cai bem com uma Coca que, inclusive, sirvo na xícara e passo pela sala soprando para enganar meus filhos. Porque vocês sabem, né? Mãe não mente.

CAPÍTULO 7

Que mãe nunca

Só queria saber se alguém aí já correu de mãos dadas com o filho, o deixou cair, mas só percebeu uns três metros depois, olhou em volta primeiro para garantir que ninguém tinha visto e só então acudiu a criança.

Queria, sem pretensão alguma, descobrir se alguém já colocou as mamadeiras para ferverem, mas esqueceu no fogo, todas derreteram. Sentiu o cheiro de queimado e ligou para os bombeiros achando que fosse o vizinho.

Será que neste mundo existe alguém tão tapada ao ponto de dar um brinquedo pesado para criança e ela deixar cair bem no meio da testa? E já fez careta para brincar e o bebê chorou de susto?

Fico pensando se alguma mãe já gritou de alegria ao ver os primeiros passos do bebê, o que causou a sua queda. Se ela já deu biscoito sujo do chão porque cansou de pegar biscoitos novos no pacote pela enésima vez e só deu uma sopradinha para compensar a consciência pesada.

Olho ao redor e procuro nos rostos alguém que tenha ficado aliviada de ir a um evento cujo único bebê é o seu e torcer para que todo mundo queira pegá-lo no colo só para descansar um pouco.

Alguma desalmada aí já fez o bebê dormir no colo e ao levá-lo para a cama, ao passar pela porta bateu a cabeça na soleira e ficou a noite acordada vendo se não havia matado a cria? Pela manhã percebeu que o bebê acordou, mas fingiu estar dormindo só para o marido se levantar, mesmo que isso demorasse um pouco.

Uma mãe louca, dessas que vai colocar o remédio no nariz, mas deixa cair no olho. Dessas que almoçam enquanto amamenta o bebê e deixam cair na testa da criança restos de comida, que dormem com a criança nos braços acordam assustadas achando que ela havia caído e ainda chegam a procurar pelo chão o que está bem ali nos seus braços. Será que existe gente assim?

Você conhece alguma desnaturada que tenha dado banho de lenço umedecido por preguiça, ligou a TV de madrugada em frente ao berço na Galinha Pintadinha só para conseguir dormir um pouco, já deixou que o bebê chorasse para conseguir comer ou tomar banho e mais, já chorou às três da madrugada porque queria dormir, mas o bebê achava que aquela não era uma boa hora.

Conhece alguma desnaturada dessas?

- Prazer, "A DESNATURADA".

CAPÍTULO 8

Iludida, eu?

Na maternidade vivemos a ilusão de que fazemos o que queremos com nossos filhos. Pura mentira. Uma parte do tempo você tenta se encaixar em padrões sociais comprando ou fazendo coisas que esperam que você faça. Na outra, seguindo o rumo da correnteza e deixando a vida – e os filhos – nos levar.

Sabe o que é? É triste não fazer parte daquele grupinho escolado de mães que discutem quantas LOL's suas filhas têm, fingindo absurdo nos preços. Se você jogar a real "minha filha não tem LOL porque não sou trouxa o suficiente para pagar tão caro num Kinder Ovo e não cedo tão fácil assim – o que é mentira, você verá mais para frente – à chantagem emocional da minha filha", acaba o papo.

Então você mente ou compra a bendita boneca com a justificativa de que sua filha queria muito, quando na verdade é para se enquadrar no grupo de mães.

Se você assim como eu gosta de ser antissocial e pouco se importa em fazer parte desses grupos, está talvez na parte da vida materna em que você dita as regras e não segue quase nenhuma. Veja bem, conversei certa vez com uma mãe, dessa dos grupos superbadalados, sobre como tirar fraldas do meu filho.

Ela, sem ter formação alguma em pediatria, me receitou um remédio que ajudava a regular o cocô. Disse ainda que havia escolhido, graças a este remédio, até o melhor horário para a criança usar o banheiro. Fiquei imaginando como ela conseguira o incrível feito de encaixar na agenda o cocô do bebê sem atrapalhar sua vida social. E eu que nem consigo regular a hora que eu mesma vou ao banheiro, quanta pretensão a minha querer fazer isso com o aparelho excretor de outra pessoa.

Lá em casa eu sempre coloquei o que queria no prato dos filhos e gritava aos quatro ventos como eu era fodástica como mãe e ainda dava dicas sem nem nutricionista ser. Bom, até a chegada do Bernardo que não come absolutamente nenhuma fruta ou legume, exceto na sopa.

E quando eu estava começando a me acostumar com este meu

fracasso materno usando como consolo o fato de ao menos ele comer bem alguns poucos legumes disfarçados na sopa, chega o João que só aceita comer no método BLW (do inglês "Baby Led Weaning" e significa desmame guiado pelo bebê) que, por anos, eu critiquei e jurei jamais seguir.

    Cá estou colocando punhadinhos de comida na bancada, deixando que ele coma com as mãos o quanto quiser, usando como rede de apoio meu cachorro que segue feliz comendo os restos pelo chão. Se servir de consolo, o cachorro, ao menos, está bem alimentado e cresce feliz.

CAPÍTULO 9

Eu odeio pracinha

Planejamos a semana toda a ida à pracinha. Ao chegarmos, uma alegria misturada com euforia. Eles brincam, correm, caem, choram, brigam, roubam brinquedos dos outros, sujam a roupa, rasgam a roupa, pedem para fazer cocô, pedem para fazer xixi, bebem mais água, fazem xixi na roupa. Olho para meu marido e digo "bora? Já estamos aqui há quanto tempo?". "Vinte minutos", ele diz. E eu achando que já tinha se passado ao menos duas horas. Seria um universo paralelo? Seria a Narnia da maternidade?

Pior é quando a brincadeira é indoor. Todo shopping que se preze tem ao menos dois lugares desses que basicamente são um amontoado de brinquedos com uma cerca em volta para você deixar seu filho e enfim respirar. Todos têm no ar aquele cheiro de suor de criança misturado com urina.

Piscina de bolinhas então, nem se fala. Morro de medo de entrar e encontrar algum objeto ou fluído não identificado. Mas deixo meus filhos lá. Eles amam! E em minha defesa digo que todas as outras mães também deixam. Todas saem aliviadas, fingindo sofrer, claro, para manter nossa fama de angelicais apegadas à cria.

Após o processo de cadastro que é um pouco estressante, tanto para nós quanto para as crianças (por motivos diferentes, claro), saímos andando sem olhar para trás, com os ombros rígidos, sem movimentos bruscos. Meu maior medo era alguém me chamar de volta e dizer que havia algo errado, que a criança não poderia ficar ali. O medo só ia embora ao virar o corredor. Enfim a sensação de liberdade. Sessenta reais por hora muito bem empregados, obrigada.

Teve uma fase das trevas na minha maternidade em que eu e meu marido íamos para o shopping pelo menos uma vez por semana só para deixar a criança lá e ficamos sentados olhando para o nada na praça de alimentação. Isso mantinha nossa sanidade, ou o que havia sobrado dela.

Certa vez, num súbito ataque de preocupação, passei no corredor da recreação para ver se meu filho estava bem. Havia correria, bagunça e quatro monitoras correndo atrás dele preocupadas. Fugi dali, óbvio. De certa forma me senti aliviada em constatar que certas atitudes dos meus filhos enlouquecem qualquer ser humano. Dá uma paz e certeza, enfim, que não somos completamente loucas. Completamente, não.

Tive uma amiga que não gostava muito de criança. Teve a audácia de falar que o pé do meu filho recém-nascido era feio. E disse com a cara mais lavada como se soubesse o que estava fazendo, coitada. O mundo girou e ela teve que ir trabalhar como recreadora infantil em um shopping. Diga-me, você, se não foi carma acumulado de três reencarnações.

Uma das coisas que mais detesto em pracinhas são os vendedores ambulantes. Tem o pessoal do picolé, algodão-doce e pipoca. Tem o pessoal do chup-chup que você compra rezando para não pegar algum verme ou intoxicação. E há uma gente perversa: vendedores de balões. Um deles colocou nas mãos do meu filho um balão e disse "chora que a mamãe compra". Isso não é de Deus, não. Comprar um balão no parque é quase tão caro quanto uma tarde inteira nos brinquedos do shopping.

Quando digo que odeio pracinhas e seus adendos, todos me olham como se fosse louca. E sou mesmo, mas uma loucura sensata. Uma louca que troca pomada de assaduras por pasta de dentes, mas que jamais pagará o preço de um balão na pracinha. Aí já é demais.

CAPÍTULO 10

A mãe mais feliz do mundo

O dia começa às 7 horas com um latido dentro do quarto porque o cachorro cismou que aquele era um bom horário para latir. João acorda, logo o furacão Luiza também se levanta e acorda os irmãos. Todos vão para a sala, ligam a TV e já começam a pedir o café da manhã. Não tem escapatória, tenho que levantar.

O dia todo é um mafuá. Estão na fase de implicarem uns com os outros. Luiza irrita os irmãos que querem agredi-la, Samuel e Bernardo implicam ou excluem Luiza das brincadeiras e ela quer agredi-los também. Às vezes, só para variar, todos brigam entre si. Brigam por diversos motivos, às vezes sem motivo algum. Se os afasto para evitar as rixas, eles se unem contra mim porque querem brincar juntos e brigam comigo porque querem que eu perceba isso antes que eles precisem falar. Um verdadeiro hospício! Eu só gostaria de um pouco de silêncio. Olho para aquilo tudo e penso "onde é que fui me meter?"

Há dias em que fantasio uma viagem a sós comigo mesma, tudo quieto, solidão e juro fazer até voto de silêncio para ouvir somente meus pensamentos, para não ter que explicar nada, não dever satisfação a ninguém. E não me venha com aquela frase manjada e, em minha opinião, falsa demais que "ser mãe é querer fugir de tudo e no planejamento incluir os filhos que eram o motivo da fuga", não! Eu gostaria de fugir literalmente e deixar todo mundo pra trás. Sem hipocrisia alguma. Há dias bons também. Daqueles leves e fáceis. E são a esses que eu me apego. Afinal, os dias difíceis passam, assim como os bons também. Resta saber, o que vale a pena guardar na memória.

Na minha rotina louca, em certo momento, já no final de um dia exaustivo, sentada no chão da sala com João, passa a trilha sonora de um desenho animado. Todos cantam e dançam. João bate palminhas. Eles dançam entre eles, gargalham e brincam.

Todos se abraçam, uma alegria contagiante que me arranca um sorriso leve. E naquele instante, aquele pinguinho de tempo, eu sou a mãe mais feliz do mundo.

CAPÍTULO 11

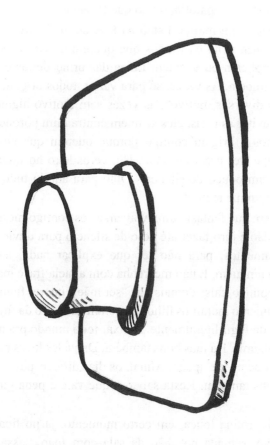

Férias? Para quem?

É só as férias começarem que eu me pergunto se posso entrar em desespero. Gostaria tanto de ter uma colônia de férias, uma avó ou sogra, dinheiro para sair todos os dias, muita criatividade, disponibilidade, força de vontade e menos sono para criar mil brincadeiras e entreter a todos. Como não tenho nada disso, rebolo mais que a Gretchen dançando Conga para dar conta de tudo. Sinto-me muito pouco sexy porque não sei rebolar direito. No momento estou em posição fetal, sentada no chão no canto da sala chorando e eles me olhando, confusos, do outro canto da sala. Por favor, não se aproximem!

Começo a cogitar a ideia e necessidade de algumas cartelas de Rivotril diluídas na caixa d'água, quem sabe uma corda forte e um bom curso de escoteiro para amarrar todo mundo juntinho e dopado. Plano que, apesar de promissor, logo cancelo por falta de coragem e medo do juizado de menores.

Eu não entendo as mães que ficam animadas com a situação. Se você viajar de férias com as crianças, na volta precisa de outra viagem para descansar desse descanso em família. Se você ficar em casa eles botarão tudo abaixo e é preciso contratar ao final de tudo uma diarista e quem sabe, um padre exorcista, para conseguir retomar a vida. Após trinta dias, a luz já se esvaiu do olhar, não sobrou uma peça de roupa limpa, o sofá cheira a biscoito misturado com xixi, no chão é difícil identificar o que é cada mancha.

Para os dias que virão preciso de um pintor disponível 24 horas por dia para ajeitar minhas paredes riscadas, um cartão de crédito ilimitado para gastar em comida pronta, animador de festa que adotarei – quem sabe casarei – para a vida, isolamento acústico do meu quarto para que eu consiga trabalhar, pensar, viver e respirar, e sim, claro, uma venda para que todas as outras mães não me julguem ou quem sabe, um botão de F#&@} para o que elas pensam. Pensando bem, prefiro o botão.

CAPÍTULO 12

Todo mundo perfeitinho

Após meses sendo sugadas, eventualmente mordidas, escaladas "fatalmente" cheias de hematomas, submetidas a várias horas de inanição e privação do sono, nos sentimos finalmente aptas e encorajadas o suficiente para admitir o quanto estamos cansadas.

Como é difícil dar o braço a torcer! Estamos ali de pijamas, descabeladas, mal alimentadas e, confesso, um pouco loucas, o que arranca a credibilidade do nosso lamento como se todo o cansaço não fosse verdadeiro ou justificado. Amigo, justificativa é o que mais temos. Li há algum tempo que mães sofrem estresse comparado ao dos homens em guerra. Não sei da veracidade do estudo, mas uma coisa é verídica: meu cansaço!

Li também que mães têm licença poética para trocar nome dos filhos até com o nome dos cachorros. Aqui do meu lado, de forma constrangedora confesso que, em certos momentos, olho bem no fundo dos olhos dos meus filhos e me pergunto "qual é mesmo o seu nome?".

Dia desses na fila para tirar foto com personagens de desenhos animados, algumas mães tentavam lembrar o nome dos personagens. Pensei alto "não consigo nem lembrar o nome das crianças, que dirá dos personagens de desenho". Fui metralhada com os olhares das outras. Há quem não entenda o nível de loucura materna que cada uma carrega. Pode ser até que saiba, mas o julgamento é tão mais divertido, talvez até necessário para validar um pouco da loucura disfarçada de excentricidade que cada uma carrega consigo. É como se ao julgarmos outra mãe saíssemos por um breve instante deste balaio de gatos. Como se não soubéssemos ou não admitíssemos que na verdade estamos na mesma situação, nos aconchegando no conforto da loucura alheia.

Acredito que às vezes vivemos uma utopia. Os dedos rolando as fotos do Instagram me fazem crer que o que vivo e escrevo não é a realidade da maioria das mães. A iluminação, ângulo perfeito, poses e sorrisos me reviram a cabeça já tão desconcertada pela minha falta de eira nem beira.

Aí parei para pensar que eu mesma nunca posto o momento exato em que estou me descabelando de nervosismo por causa das brigas e confusões dos meus filhos. Também não digo o quanto tudo isso me cansa e, às vezes, dá vontade de pedir para o mundo parar que eu quero descer. Queremos que todos saibam da nossa felicidade, das boas escolhas, que acertamos em tudo, os filhos são perfeitos, os lugares maravilhosos que frequentamos e a expertise para solucionar qualquer problema que eventualmente surja.

Mas esse é o mal das redes sociais. Elas vendem não apenas pessoas perfeitas, mas vidas perfeitas. Quanto à maternidade, não dá para esconder essa "perfeição" por muito tempo, porque sabemos o quanto é difícil e irreal aquela situação. Viu? Nós sabemos que você não dorme há dias, que não faz uma refeição em paz, que às vezes pensa em como seria mais fácil se não tivesse se tornado mãe. Sabemos que você adoraria tirar um dia de folga para cuidar de si mesma.

Sabemos que você sente falta de namorar em paz e se sentir bonita. Que gostaria de dormir tranquila, sem o velho medo e a inseparável culpa. Sabe por quê? Passamos pela mesma coisa. E isso não nos faz menos apaixonadas pelos nossos filhos, nem eles menos amados e bem cuidados. Fazemos o nosso trabalho muito bem feito, mas às vezes queremos ter o direito de confessar que estamos exaustas.

CAPÍTULO 13

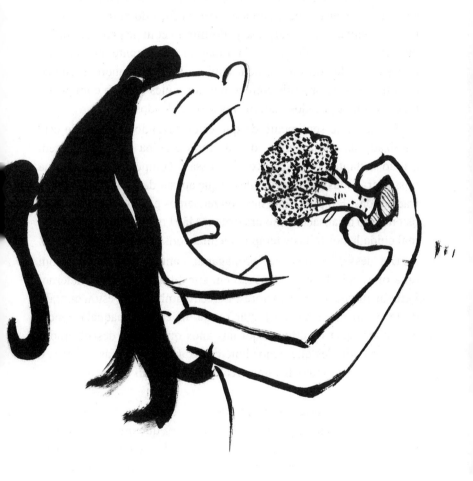

Não tem nada mais lindo que criança comendo brócolis

Não tem nada mais lindo no mundo do que crianças comendo brócolis. Se fui algum dia uma mãe ruim, se gritei pedindo silêncio, se já quis pegar um pela perna e tacar na fuça do outro, se ofereci pizza no jantar por preguiça, se já dormiram com pé preto de sujeira ou sem escovar os dentes, se já tomaram refrigerante ou comeram doces antes dos dois anos, nem lembro. Porque quando eu coloco uma travessa de brócolis com couve-flor e eles comem com gosto, todos os meus pecados maternos já são perdoados.

Sei que este sentimento de que estou fazendo algo errado está enraizado na nossa cultura de que tudo é culpa da mãe. Querem a todo instante nos convencer da nossa incompetência. Jogam na nossa cara todas as falhas e faltas, e que apesar das tentativas, somos fracassadas. E o pior é que nos convencemos e somos convencidas, ostentando o cansaço como um troféu. Mãe boa é aquela ali exausta, mal cuidada por falta de tempo, que mal consegue manter-se em pé.

Dia desses ao observar propagandas antigas me deparei com uma ofertando leite condensado em substituição ao leite materno. Percebi ali que há erros maiores. Percebi também que estou errando neste exato momento ao julgar outras mães que, naquela época, pensavam fazer o certo. Daqui uns anos quem sabe descobrirão o quanto as atitudes que temos hoje causam malefícios às crianças e à nossa própria vida? Estamos realmente fazendo tudo errado? Ou tudo certo?

Toda vez que este sentimento de inutilidade materna me invade começo a me pontuar pelos acertos. Toda vez que me sinto superior a qualquer outra mãe que, segundo o meu julgamento, está fazendo algo errado, listo meus próprios erros buscando ser mais justa. E não é fácil assumir o que não está bacana.

Muito mais difícil é saber distinguir os verdadeiros erros das escolhas que, apesar de estarem fora dos padrões, não são nenhum crime. E depois se perdoar, seguir em frente e cometer novos erros, porque é assim que se aprende e evolui. Está tudo bem errar! Está tudo bem fazer o possível, estipular um nível certo de entrega. A balança sempre vai pender para um lado, não há equilíbrio, apesar do que dizem por aí. Há dias de brócolis e biscoitos caseiros. Há dias de pizza e biscoitos recheados.

    Não busque viver de padrões. A moda agora é o empoderamento materno, não é mesmo? Só não se esqueça que este empoderamento está mais ligado a viver sua vida exatamente como é, com seus altos e baixos na busca pela felicidade e o mais próximo do equilíbrio, do que parecer ser feliz o tempo todo, porque ninguém na verdade é. Bom, exceto eu, nos dias em que sirvo brócolis e eles comem felizes.

CAPÍTULO 14

As tradições que eu não quero seguir

Depois de certa idade passamos a questionar certas tradições familiares, aquelas que eu segui, que todos seguimos e que não são nossas, são de alguém que aprendeu em seu tempo com outra pessoa mais velha.

Por que afinal de contas só posso comer chocotone — panetone, se você for mais tradicional — no Natal? Por que ovo de chocolate só se come na Páscoa, sem nem botar ovo coelho bota? E o bacalhau? Só na Páscoa ou Natal? Seria um prato só para feriados cristãos? E se eu quisesse comer em comemoração a algum feriado pagão, Dia das bruxas, por exemplo? Ficaria o peixe-beato ofendido?

Dia desses Luiza me questionou o fato do coelho não botar ovo. Manter a Fada do Dente e o Papai Noel sob controle aqui em casa está cada dia mais difícil. Na última páscoa Bernardo chegou chorando da escola porque lhe disseram que o Coelho não existia. Meu coração se despedaçou ao vê-lo assim, mas logo se refez só para encher-se de raiva do Samuel que, aparentemente, na minha frente fingia acreditar em certas coisas e longe de mim, dizia atrocidades e, ok, eu confesso, verdades, para o irmão mais novo.

— Mas não existe, mamãe. — disse ele com a cara de sarcasmo, fazendo o irmão cair no choro novamente.

— Claro que existe, Samuel. Ficou doido?

Era a sexta anterior à Páscoa. Os ovos estavam escondidos no fundo do armário. Quando todos já estavam dormindo, peguei tinta branca e mesmo com uma barriga de nove meses à espera do João, me agachei, certa que nunca mais conseguiria me levantar, mas firme no meu propósito não de ensinar tradições às crianças, mas mostrar para o Samuel o quanto ele estava errado. Fiz as pegadas que levariam aos ovos. Na manhã seguinte, todos empolgados e ele ainda me solta um sonoro e bem alto "foi a mamãe que pintou as pegadas".

Bateu um ódio. Todos olharam para mim, julgando.

— Ah, faça-me o favor, né? Você acha realmente que eu seria capaz de uma coisa ridícula dessas? Sujar meu chão todo só para

45

vocês acharem que era o Coelho? Imagina... E ainda o safado me faz ter que limpar tudo! Eu tenho mais o que fazer. Olha bem para mim. Tenho cara de gente louca? — disse, rezando para ele não responder.

De fato, tem sido muito difícil manter as tradições e fantasias nos tempos atuais em que as crianças estão cada vez mais bem informadas. Então, por favor, me reserve o direito de após colocá-los na cama, sentar no meu sofá e comer uma tigela de canjica branca, e olha que nem em junho estamos!

CAPÍTULO 15

Mãe das antigas

Quando Samuel nasceu há dez anos, fui a uma farmácia comprar lenços e perguntaram se era para meu irmãozinho. Não sei como, mas de uns dias para cá o cenário tem mudado. Fui chamada de "dona" pelo açougueiro do supermercado, de "senhora" pelo motorista de táxi, meu filho de dez anos revirou os olhos pela primeira vez, o de sete veio por trás para clicar no botão do computador como se eu não soubesse o que fazer, minhas primas de quinze anos me chamam de "tia" e mal cheguei aos trinta.

Acredito que finalmente tomei porte de mãe, dessas que sabem fazer frango ensopado, mandam levar um casaco e guardam restos nas vasilhinhas de plástico para comer mais tarde, requentado. Reparei que meu interesse por roupas tem diminuído.

O barato mesmo é visitar lojas de decoração, folhear o catálogo da Leroy Merlin, sonhar em comprar uma Tupperware, coisa que adio sempre. Depois de criar os filhos talvez eu consiga reunir coragem para comprar. O gasto com fraldas, leite e biscoito de polvilho abrirá esta brecha no orçamento, tenho fé.

Minha tia tem uma coleção enorme, cheguei a lacrimejar emocionada ao abrir o armário da cozinha. Será esta minha próxima fase? E eu iludida achando que chegar aos 40 era me sentir magnífica, sexualmente segura, livre de paradigmas e bem resolvida, percebi que chegar aos 40 é finalmente poder comprar uma Tupperware sem culpa.

Por aqui dizem que pego pesado com os meninos e exijo demais. Há bagunça o dia todo, brigas, "nãos" e muitas caras emburradas. Entendi como minha mãe deveria se sentir. Minha transição de filha para mãe só percebi dia desses quando disse um dos "nãos".

— Por que não, mamãe.
— Porque não quero.

Nossa! Me senti aquela mãe das antigas, aquelas que merecem respeito, que dizem "leva um casaco que vai esfriar", que fazem um feijão encorpado e brigam com o sapato no meio da sala. Hoje acordei e me vi mais sensata ao brigar pelo tênis jogado, me senti até no direito. Sempre tive, eu sei. Mas me senti menos má e mais mãe. Afinal, mãe tem sempre um motivo para ser assim, uma boa intenção. Então é isso: não sou má, sou uma mãe das antigas com boas intenções.

CAPÍTULO 16

Sou uma mãe descolada?

Passei a vida toda tentando ser uma pessoa descolada. Mas sempre vivi atrasada. Quando a moda era ser emo, eu gostava de Sandy e Junior, mais clichê impossível. Quando a moda era usar Melissa, eu comprava rasteirinhas e quando elas entraram na moda comprei minha primeira sandália de plástico com cheiro de chiclete que na verdade é para disfarçar o chulé. E viva os desodorantes para pés recém-inventados, tão retardatários quanto eu, agora que Melissa não é mais tão cool assim.

Sempre digo que minha alma é antiga, que nasci na época errada, para justificar meu atraso fashion-social. A verdade é que sou brega. Ponto. E nem é tão difícil assim admitir. Escrevo uma dúzia de frases, envio para publicar e me enfio debaixo da cama esperando todo mundo constatar a breguice óbvia.

Difícil mesmo foi perceber que sou uma mãe comum. Eu jurava que estava descolada! Dançava nas manhãs de sábado, jogava jogos de tabuleiro, usava tênis e óculos de sol retrô para ir à pracinha, conversava sobre tudo, os apresentei Freddy Mercury, Michael Jackson e Bob Marley e vi se apaixonarem por músicas dos anos 80, bem cult, bem nerd e moderna ao mesmo tempo.

Por saber cantar as músicas do Ed Sheeran, por assistir às animações da Disney e discutir os filmes da Marvel comparando-os aos da DC, por saber passar todos os castelos do Mário Bros e explicar porque ele é melhor que Sonic, por isso e muito mais, me sentia descolada. Me enganava todo santo dia, afinal, não passo de uma mãe comum, dessas com coque no cabelo, vestido largo, pano de prato pendurado no ombro, barulho de panela de pressão pela casa e o "calça o chinelo" dito um milhão de vezes por dia.

Dia desses, tive a audácia de dizer para minha prima de dezessete anos que criança não namorava. E antes dessa idade eu mesma já namorava. O que a maternidade fez comigo?

Meus filhos são como eu, se acham descolados, nerds e espertos. Só porque sabem usar um Iphone antes de aprenderem a ler, só porque entendem toda a política envolvendo as guerras do Iraque e é só digitar no Google que descobrem tudo sobre qualquer assunto. Mas tudo bem. Minha vingança está no que eles ainda não sabem e que hoje é modinha infantil.

Eles nunca brincaram com slime nem ouviram Baby Shark, também nunca tiveram amoeba e não sabem do que está por vir, quando você que se achava tão descolada se torna mãe e percebe o nível clichê de cafonice que sempre carregou por aí fingindo ter um estilo excêntrico. Bom, pelo menos eu não serei a mãe que digita no Google "como tirar amoeba do cabelo". Ao menos isso.

CAPÍTULO 17

Fa-mí-lia

Família, li no dicionário, é o conjunto formado por pais e seus filhos. Lá não diz quantos, como vieram ao mundo, cor, orientação sexual dos integrantes, não especifica nada. Apenas que é o laço mais forte. Mesmo sendo mãe há dez anos, demorou bastante para entender que o que eu tinha já era uma família. Para início da conversa, nem mãe eu me sentia.

Quando uma criança dessas, grandes como estão, me chamam de "mãe", eu olho bem para minhas pernas curtas, meu pé direito que ainda pisa torto, minhas roupas coloridas e brincos de cereja e penso "sou só uma menina". Já perdi a conta da idade faz tempo e ainda não me sinto mãe.

Dia desses um vizinho jogou água pelo muro, os respingos caídos na cabeça do meu bebê afloraram algo que eu nem conhecia, uma fúria assustadora em protegê-lo. Bati no portão do dito-cujo e ainda bem que ele não abriu, o estrago seria grande, ou não, tenho as pernas curtinhas, lembra?

Longe de mim qualquer tipo de violência, mas por aquele bebê carrego o mundo nas costas. O engraçado é que tenho problema de coluna e nem deveria carregar peso, que dirá o mundo. Naquele breve instante eu me senti mãe. Depois me esqueci e saí de jeans, camiseta com estampa de cactos e tênis andando como se nada tivesse acontecido.

Outra vez, Luiza ficou doente. Torceu o pé, acredite se puder, atropelada por um jogador de futebol americano em um jogo-treino que havíamos sido convidados a assistir. Era fim de ano e então resolvi sair sozinha com os quatro, o carro parou em frente ao endereço indicado, mas eu não tinha certeza se era o certo.

Desci com todos do carro. E me vi carregando bebê, mochila, brinquedos e uma criança de cinco anos e sabe-se lá quantos quilos — porque lembrar o quanto pesam é coisa de mãe e ainda não me sinto mãe o suficiente para lembrar —, e um pavê, a cara do Natal.

Mãe tem sempre tantos braços? Coluna de ferro? Não precisa dormir ou comer? Porque se for assim, realmente e definitivamente, não me sinto mãe.

No Natal tiramos uma foto com o Papai Noel do shopping. Coloquei em um porta-retrato e às vezes passo longos minutos olhando cuidadosamente os rostos, sorrisos e os laços invisíveis capturados pela fotografia. Ali enxergo uma família.

Então vamos combinar uma coisa: família não tem receita mágica, nem forma perfeita. Família não requer um esforço absurdo para ser o que esperam que sejamos. Eu não preciso me sentir mãe o tempo inteiro para ter uma família só minha, afinal, sou muitas. A maternidade não me define, às vezes completa, outras vezes esgota por completo e tudo bem ser assim. Família é o que ninguém vê, está invisível e vez ou outra é capturada por uma fotografia qualquer.

CAPÍTULO 18

Sou uma ladra

Preciso confessar algo muito sério: eu roubei o nome dos meus filhos. Sim, sou ladra e das mais dissimuladas. Ainda criança, quando conversávamos sobre o futuro e a escolha de nome para nossos filhos, minha prima disse que amava o nome "Samuel". Concordei com ela. Doze anos se passaram, em uma reunião de família ela me conta chateada:

— Você me roubou. Eu queria ter um Samuel, um Bernardo e uma Luiza. Você roubou todos de mim. Agora tive que escolher novos nomes.

— E qual será?

— Ah, não conto para você de jeito nenhum.

— Quê isso? Já tenho três filhos. Você acha que terei outro? Deus me drible.

— João. Acho lindo João.

Agora, adivinhe o nome do meu quarto filho...

Em minha defesa digo que não é intencional. Só lembrei-me desse fato depois de já ter escolhido. E nas voltas que o mundo dá, também fui furtada. Meu primo nascido depois do Samuel tem o mesmo nome e foi um golpe baixo, já que não posso mais mudar.

A escolha do nome de um filho é um momento muito tenso. Primeiro você tem que chegar a um consenso com seu marido. Por aqui meu marido gosta de nomes compostos e que, normalmente, não combinam nem um pouco entre si. Prefiro não citar exemplos para não ofender ninguém, mas juro, não combinam.

Parecem aqueles nomes de novela mexicana que depois vira piada nas rodas de amigos. Para o primeiro filho tive que apelar para o fato de ter escolhido o nome quando era adolescente, sonho de criança em ter o filho com o nome de Samuel. Para o segundo, foi dureza de convencer.

Fiz uma enquete no Facebook e o nome Bernardo estava vencendo, cancelei a enquete quando sugeriram o nome do meu ex e era melhor não forçar muito a barra. Vai que de raiva meu marido cisma com Rodolfo Valentino? Para a Luiza também apelei para o nome escolhido muito antes de começarmos a fabricar crianças. Deu certo. O João eu só escolhi uma semana antes dele nascer. Antes era piada nos grupos de WhatsApp, cada um o chamava de um jeito. Por isso, guardei a notícia até o nascimento para não criar problemas.

Gosto de nomes antigos, bonitos em qualquer época e simples, bem simples. Me preocupo com os nomes da moda. Imagino daqui uns anos, o mar de crianças com o nome de Enzo, Theo, Lorenzo. Na verdade, não conheço nenhum Theo com mais de cinco anos, o que é bem interessante. Imagino quando essas crianças finalmente crescerem e se tornarem doutores, professores, engenheiros.

O ano será 2050, um prédio novo sendo construído e a assinatura do projeto "Eng. Enzo Gabriel da Silva-Sauro", conforme está escrito na placa. Bem ao lado, no consultório médico, Dr. Theo faz um atendimento super-humanizado. Já imaginou?

Vocês têm noção quantas Helenas nasceram nos últimos dois anos? Só no período em que fiquei internada na maternidade, no meu quarto entraram cinco, fora as que nasceram e foram para outras enfermarias. Elas e as Sofias herdarão o mundo! Segundo o site de Registro Civil, nasceram em 2018 mais de 10 mil Helenas no País. Curiosamente foram identificadas também 1.448 variações para Enzo, o nome masculino mais usado no último ano com 18.156 registros. Estou dizendo, será uma confusão organizar este povo para a prova do Enem.

O fato é que encontrar um bom nome é mais complicado do que parece. A gente luta contra os prováveis apelidos, pais demasiadamente criativos e às vezes, por precaução, roubamos os bons nomes.

CAPÍTULO 19

A última árvore da rua

Menos uma árvore na rua. Barulho pela manhã de serras elétricas. E a pergunta que fica na minha cabeça: pra quê? Talvez estivesse podre, trazendo algum risco para os transeuntes, talvez não. O que me incomoda é o fato de não serem replantadas. E Belo Horizonte vai ficando cada dia mais cinza, menos verde.

Li há algum tempo uma reportagem, não sei onde, dizendo que a temperatura da cidade tem aumentado bastante em comparação aos anos 90 e 2000 por causa da destruição de lugares arborizados dando lugar a concreto e mais concreto.

O resultado de tudo isso não precisamos de pesquisa nenhuma, vivenciamos cada segundo. Qualquer chuvisco e as ruas ficam intransitáveis, não tem por onde a água escoar. Asfalto não absorve água, não é vivo e nem traz vida.

Dia desses fui ao meu bairro de infância, a casa onde fui criada até meus 11 anos. A rua, naquela época, era onde brincávamos. Parecia enorme para mim, hoje percebo que com três passos largos já atravessou de um lado para outro.

Brincávamos até tarde da noite nas férias, os pais e avós nas calçadas com seus banquinhos conversando e vendo a criançada brincar. Típico quadro da sociedade mineira. Creio que em vários outros bairros, de outras cidades de Minas, outras crianças faziam o mesmo que eu naquele exato momento.

Porém, ao entrar na minha antiga rua, um susto: cadê a árvore que estava aqui? A única da rua, porque não caberia nenhuma outra, que dava sombra, onde sentávamos nos dias quentes para comer chup-chup e brincávamos com jogos de tabuleiro que sempre dava certa confusão. Cadê? Lá se foi mais uma! E andando pelas ruas percebo que mais outra e outra e outras.

Quem é de Belo Horizonte há mais tempo se lembra quando em meados de janeiro fazia trinta graus. Logo pensávamos ser um dos dias mais quentes do ano. Hoje chegamos fácil aos quarenta graus no verão.

E dá-lhe tempestade e telhados voando, ruas alagadas, gente

perdendo, inclusive, a vida. Enquanto isso, os rapazes da serra elétrica, juntam os trocos aqui de mais um cadáver "arvoril" como se não tivesse importância. Me dói o coração, me dói também a cabeça queimada de sol pela falta que me fazem.

E outras perguntas fervilham na cabeça: onde meus filhos irão se balançar? Em que sombra descansarão da brincadeira de rua? E terão que passar a vida reclamando do calor absurdo ou farão alguma coisa para tudo isso mudar? Semana passada Bernardo chegou com um vasinho de planta. Eram girassóis que a professora lhe dera para cuidar. Olhei para as sementinhas cuidadosamente colocadas na terra, algumas já começavam a brotar.

— Cuida bem da minha plantinha, tá, mamãe? As plantinhas são lindas, né? Eu gosto de plantinhas — e continuou contando com os dedinhos

— E ó, as plantinhas precisam de água, sol, ar e... Terra para viver.

Me emocionei com a simplicidade do gesto e o quanto tudo isso representava para o mundo.

CAPÍTULO 20

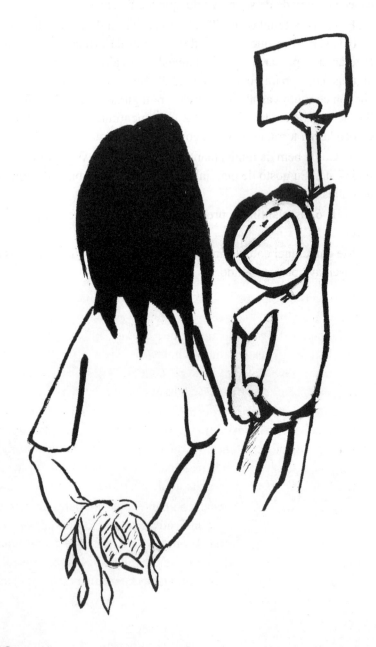

Matei a planta

Definitivamente, eu confesso, não sei cuidar de plantas. Minha casa é cinza, mistura de madeira com cimento, verde apenas das cortinas. Não pense que é falta de persistência, desleixo ou desapego. Já tive de lírios às tulipas, até suculentas e violetas. Todas acabaram da mesma forma, no lixo. Escondido das crianças, claro. Para não traumatizar. Mas não antes de me humilharem publicamente expostas na janela de casa, morrendo aos poucos, definhando diante dos meus olhos e dos vizinhos. Sou mundialmente conhecida no bairro pelo feito ou mal feito, se assim preferir. Já intercalei dias de regá-las, já taquei tanta água que a causa da morte certamente foi afogamento. Não tem jeito. Sou assassina de plantas, admito.

Creio ter inventado milhões de formas de assassinar um ser vivo, motivo de vergonha para toda nossa família. A lista é longa. Posso me considerar serial killer, estaria cometendo um herbicído? Matei flor dada no Dia dos Namorados e aniversário. Matei até a que me foi dada no Dia das Mães, causa certa de trauma nas crianças, futuro dinheiro gasto com psicólogo. Vi secar aos poucos outras cuja semente foram plantadas por meus filhos na escola. Nem um boneco de meia com cabelinho de alpiste que fizemos em casa escapou da minha barbárie, a este demos o nome de The Walking Dead. Eu tinha medo dele, juro. Tanto que ele continua por lá, na janela a me envergonhar. Tudo isso já posso classificar como chacina?

Assisto a várias séries de decoração com plantas, leio sobre, até busquei ajuda com a maior especialista do mundo, minha avó, em busca de regeneração e quem sabe, salvar minha alma do inferno. Mas necas. E ainda pago nas redes sociais de evoluída na consciência ambiental. Hipócrita ainda por cima!

Vejo nos filmes de comédia romântica as mulheres frustradas achando que matar plantas é indicativo que serão péssimas mães. Se assim fosse, o que seria das quatro crianças que tenho aqui? Olhando agora de canto de olho, estão bonitas, bochechas rosadas, sem caracas atrás das orelhas e hidratadas na medida certa. Será que ainda tenho salvação?

CAPÍTULO 21

Baby Coach

Avisa lá que ele já sabe pilotar. Avisa também que já está alfabetizado, lendo que é uma beleza. Este ano tem Enem, né? Já estamos na expectativa dos primeiros lugares. Tanto investimento, tantas noites em claro estudando, só serviu para aprimorar o talento nato em networking e oratória na forma de pirraça pública. É só começar seu espetáculo e juntar uma multidão para observar atônita a habilidade tão primorosamente desenvolvida.

Participa de vários bons projetos, até fez um curso completo de um fim de semana e já está dando mentoria de coach para outros bebês "atrasados" no desenvolvimento que só falam "dá dá dá" e comem areia. Estamos pensando em criar um curso voltado para um público mais jovem, quem sabe, espermatozóide, mas não queremos dar rótulos. Colocar no título "alguma-coisa-quântica" que é dinheiro certo. Apesar de não ser ortopedista, é especialista em equilíbrio motor para crianças que ainda não andam. Apesar de nenhuma formação em Nutrição, dá dicas de alimentação saudável baseado em sua experiência introdutória à alimentação desde os seis meses, adicionado, é claro, ao curso completo de um final de semana que lhe dá aval para dar pitaco em qualquer área, na vida de qualquer um.

Acredito que alguns coachs têm tirado o direito de fala dos bebês. Como assim, um adulto irá dizer como eles devem se portar, como brincar e analisar o cérebro como se entendessem de alguma coisa? Alguns adultos ainda infantilizam com uma linguagem completamente imprópria para a idade. Onde já se viu usar o termo "xixi" e "cocô", quando o certo é "urina" e "fezes". Essa é a abordagem que queremos, carro chefe da campanha e mentoria tetrânica da luz solar que vem do parto da lua de abril. Queremos através deste trabalho reafirmar o empoderamento baby afim de mostrar que bebês assim tão desenvolvidos como o meu não precisam que falem por eles.

Contato para palestras e sugestões de cursos, só me procurar.

CAPÍTULO 22

Mesa de cabeceira de adulto

Se tem uma coisa muito adulta é a escolha de uma mesa de cabeceira. Quando era adolescente em nenhum momento pensei "Humm, preciso de uma mesa de cabeceira urgente". Isso porque nenhum jovem que se preze quer guardar tralhas ao lado da cama. Jovem levanta e pega as coisas, agora no auge dos meus 30 e poucos as costas doem, o controle tem que ser universal para ligar TV, ventilador e qualquer outra aparelho que se apresente.

Eu tenho uma mesa de cabeceira, daquelas bem quadradas, que parecem peso de papel. São quatro gavetas que guardam segredos e futilidades que sinceramente teria vergonha de contar se fosse jovem, contudo, como não sou mais e fui agraciada com a sem-vergonhice dos adultos que falam de assuntos constrangedores com naturalidade de quem toma um antiácido após duas asinhas de frango num churrasco — outra coisa de adulto, jovens são quase avestruzes, e nada lhes fazem mal —, resolvi contar o que nelas escondo.

Na primeira guardo documentos de saúde, lê-se cartões de vacinas, exames atualizados, caso alguém, normalmente eu mesma, queira cair duro por aí. De uns tempos para cá, as crianças me tomaram esta gaveta e hoje tem presente do dia das mães, brinquedos e desenhos que fazem para mim, a maioria abstratos, verdadeiros "Picassos".

Logo abaixo está outra gaveta com bombinha de Aerolin e uma pomada que não sei para quê serve. Ao lado outra com produtos de higiene infantil que, basicamente, são lenços umedecidos, bombinhas de sucção nasal, cortador de unhas e outras três pomadas cuja indicação só sei de uma, as outras duas, desconheço.

Perdi a bula e lá elas ficarão até perderem a validade e mais alguns meses, tempo que demorarei a achá-las e resolver jogá-las fora na limpeza anual que faço a cada três anos.

Na última gaveta guardo um par de protetores de ouvido que nunca usei nem pretendo usar e, pasmem, sabonetes ainda não usados. Se tem uma coisa mais característica de adulto do que mesa de cabeceira é a coleção de sabonetes. Aí, não! Já passei do limite porque é coisa de 40 e poucos para lá. Na próxima limpeza anual me livro deles.

CAPÍTULO 23

Os bichinhos do dente

Aqui em casa é proibido matar bichinhos, exceto baratas, aquilo nem bicho eu considero. Aos restantes, todos são acolhidos, cuidados e libertos na natureza. Nem sempre com esta paz que vos escrevo. É aos berros que peço para meu marido recolher uma cigarra embaixo da minha cama, colocar-lhe uma venda e dirigir em círculos por duas horas para depois soltar em uma árvore do outro lado do bairro, para que ela não se lembre do caminho de casa. É aos prantos que fujo de mariposas do tamanho de sapatos número 37 e me escondo no banheiro esperando que alguém salve, não a mariposa, mas a mim mesma. Com insetos eu não tenho uma relação muito boa. Um pânico me invade que mal consigo me mover.

Em se tratando de outros bichos, nós amamos cuidar. Temos cães de rua resgatados em casa, paramos o carro para alimentar qualquer gato faminto, até dos pássaros da vizinhança zelamos colocando alpiste na janela pela manhã. Desde então, se nos atrasamos, eles entram no quarto para reclamar seu direito de serem alimentadas no horário certo. O problema está na repercussão que tudo isso trouxe aqui em casa.

Luiza não quer mais escovar os dentes desde que contei sobre os bichinhos que poderiam comê-los. Contei a história, claro, na intenção de comovê-la quanto aos dentes feios e que poderiam doer caso os bichos os comessem. Ela, porém, entendeu de outra forma. Viu como um sacrifício necessário para que todos os bichos, inclusive aqueles, pudessem viver bem. Agora não sei como reverter a situação. Escovar os dentes é um desafio.

Bernardo não era muito diferente. Queria abraçar todos os animais do planeta, de cachorros sujos de rua a gatos que não queriam ser abraçados. Certa vez chorou diante da minha negativa ao ir de braços abertos acolher uma lagarta enorme que rastejava tranquila no tronco de um coqueiro. Já Samuel comia ração de cachorro. Eu achava até bom, pelo preço da ração, deveria ser feita com ingredientes de excelente qualidade. Há amor para todos, mas a Luiza extrapolou ao querer acolher todo tipo de bicho, até os do dente.

CAPÍTULO 24

Sincerona

Fico encantada com a simplicidade que as crianças vêem as coisas. Dia desses, Luiza me contou sobre uma mercearia que eles criaram na escola. Eu mesma contribuí fazendo duas maçãs, que todos acham que são tomates, para enriquecer ainda mais o comércio e variedade de produtos.Perguntei qual a forma de pagamento, se a compra havia sido cara.

"Dividi no cartão, mãe", ela retrucou. E será que ela sabe que alguém tem que pagar o cartão? Ou assim como eu, ela não percebe que um monte de "dez reais" gastos em coxinha e Coca-Cola se tornam mil ao final do mês? Eu espero que não.

Luiza pensa que meu útero é uma máquina e que está estragada. Está brava comigo desde que João nasceu menino. Ela queria uma menina para brincar das mesmas coisas e ter as mesmas preferências em relação a desenhos infantis e programação cultural. Joguei a culpa em Deus. Disse que ele havia me dado um menino e não tive escolha.

Desde então, ela estendeu seu desgosto para as divindades, bem sensata por sinal. Exceto São Francisco, protetor dos animais. Temos uma imagem do santo que fica em nossa mesa de cabeceira, um fofo. Certa dia, ao olhar para o canto percebi que ele havia sumido. Em minha busca encontro Luiza brincando com o coitado do Santo fazendo dele par romântico de uma Barbie loira magricela. Quanta heresia.

Ultimamente tenho passado momentos constrangedores com toda esta imaginação perigosamente mesclada à sua sinceridade. Minha tia veio buscá-la para passar alguns dias em sua casa e logo no telefone ela me solta um "eu preferia quando você era magra, tia".

Pensei que meu descanso havia ido por água abaixo, mas todos acharam fofa a afirmativa e riram (pelo menos foi o que me disseram educadamente). Vieram buscá-la, trouxeram-na no dia seguinte às 7h da manhã chorando:

— Luiza disse que meu ronco lembrava o seu e por isso ela ficou com saudade de casa. – Explicou minha tia.

— E eu nem ronco, tia.

— Nem eu, Sheila. — Mentimos.

Outro dia ela perguntou por que o papai era barrigudo. Brinquei dizendo que era uma gravidez.

— E como é que o bebê vai sair? — pensou alto e logo respondeu — Já sei: pelo pinto. Olha, pai, você tem que deixar que saia pelo pinto, fica tranqüilo que é "escorregadinho" e o bebê vai descer assim ó. — E fez o gesto de tobogã com as mãos. – Se cortarem sua barriga, vai doer. Tem que ser pelo pinto.

Meu marido, coitado, é o mais prejudicado com toda a sinceridade infantil e não apenas pela Luiza. Bernardo já fez as contas e deduziu o tempo aproximado de sua morte:

— Mamãe, quantos anos eu terei na próxima copa do mundo? .

— Peraí... — ele mesmo responde impaciente e feliz por conseguir deduzir a resposta - 7,8,9,10. Eu terei dez.

— Nossa! E quanto o João vai ter?

— Quatro, né, filho? — respondo.

Pausa para a cara de espanto de quem nem imagina o que seja um João de quatro anos.

— Quantos você terá, mamãe?

— 34... Não! 35 anos. Mamãe esquece que já tem 33.

— Nossa! E o papai?

— Seu pai terá 57, Bernardo.

Ele dá um salto na cama:

— Meu Deus! Ele será bem velhinho. Pertinho de virar estrelinha.

Depois olhou bem fundo nos olhos do pai e disse que sentirá muita saudade quando ele virar estrelinha. Ah, poxa vida! A sinceridade das crianças também pode ser bonita. Um pouco mórbida, mas muito bonita.

E isso não é um luxo só meu. Lembrei-me agora da vez que minha mãe subia atrasada a rua para o ponto de ônibus com meu irmão, na época com seis anos.

— Corre lá, Pedro. Pede para esperar. — minha mãe pediu.

Ele correu, entrou no ônibus e gritou:

— Espera só um pouquinho, moço. Minha mãe está vindo. É que ela é gordinha e não consegue correr.

A viagem da minha mãe até o centro da cidade foi muito custosa, agora entendo.

CAPÍTULO 25

Entrevista de emprego

— Desejável: experiência em gestão e desenvolvimento de pessoas, administração de conflitos, acompanhamento de indicadores de performance, rotina administrativa, estoque e pós-vendas.

Gente, sou mãe! Gestão e desenvolvimento de pessoas é o que mais faço. Cuido da carreira acadêmica de três e ainda evito que eles façam besteira.

Administração de conflitos? Ninguém melhor do que uma mãe para entender o que é administrar conflitos sob pressão de tempo e de resultados.

Indicadores de performance? Claro! Todo mundo está interessado em saber o quanto sou boa mãe. Dão pitaco, me param na rua, me julgam quando acham necessário. Os indicadores de performance são os que mais me irritam, mas tenha a certeza de que sou boa em lidar com isso.

Rotina administrativa? Experimenta cuidar do trabalho, casa, filhos, casamento e de você mesma. Sei fazer também.

Estoque e pós-vendas? São quatro, né? Está mais que bom! Muito bem estocados, de banho tomado, agasalhados e alimentados.

Pós-vendas, no entanto, eu não pretendo vender, então não terei a chance de desenvolver esta habilidade, mas o aprendizado é constante, viu? Você tinha que ver para amamentar. Se não aprendesse rápido eles morreriam de fome e na mínima chance de que isso fosse possível, os indicadores de performance entrariam em ação, coisa que evito bastante por aqui, coisa que aprendi com minha habilidade em gestão de conflitos.

E ainda têm a cara de pau de dizer que nós mães estamos fora do mercado de trabalho. Não! Estamos nos aperfeiçoando!

CAPÍTULO 26

Mãe, sua depravada!

Homens, atenção! Contarei agora como deixar sua parceira louca de desejo por você.

Casamento ando frio? Ela fala que vai colocar o bebê para dormir prometendo voltar para ficar contigo, mas acaba dormindo e a transa fica para outro dia? Ela tem uma eterna dor de cabeça? E vive brava e brigando por tudo?

Meu amigo, NADA, ABSOLUTAMENTE NADA neste mundo deixa uma mulher mais excitada que a louça lavada, que o machão colocando as crias para dormir com amor e carinho, que você fazendo sua parte na paternidade sem reclamar, dando tempo e espaço para sua esposa cuidar de si, se sentir bonita e descansar. É baseado em experiência própria e de várias amigas próximas. Fiz uma pesquisa minuciosa com o público-alvo, dados verídicos e atualizados.

Veja bem, pouco depois de voltar do hospital no pós-parto do João, comentei que havia uma pilha enorme de roupas para lavar em um grupo de mães que eu participava. Perguntei em seguida quando voltaria minha libido. A colega respondeu:

— Se ele ajudar com a roupa suja volta mais rápido.

Dá um tesão ver o marido varrendo a casa, lavando a louça, conversando direitinho com o filho, ajudando na lição. É fetiche da maioria das mulheres. Olhamos de longe e o efeito do tratamento é súbito. Seus ombros ficam mais largos, a perna engrossa, a barriga tanquinho, acho até que o pinto cresce. Dá uma vontade louca de namorar a noite toda! Orgasmos múltiplos por cada troca de fralda.

Então antes de reclamar que o casamento está ruim, que filho estraga a vida sexual do casal, só pense se você está minimamente fazendo sua parte para que tudo dê certo.

CAPÍTULO 27

Minha vida sexual é pública

Ser mãe de quatro filhos tem suas vantagens: as pessoas me acham louca, eu sei. Por me acharem descompensada não me levam a sério, por isso, nem pedem minha opinião. Ok, eu nem queria opinar mesmo. Se tem algo que aprendi participando de vários grupos de mães é que opinar com sinceridade só fomenta a discussão nada produtiva.

Tem, porém, suas desvantagens: se com apenas um filho as pessoas se acham no direito de se intrometerem, imagine como é comigo. Minha vida é de domínio público.

Para início de conversa falam de método contraceptivo como se falassem do tempo.

— É, menina, esse calorão não vai embora não? E você viu que criaram uma camisinha com gosto de caipirinha e ultrafina? Quase não dá para perceber que se está usando. Já tentou?

Minha vontade súbita é de retrucar e perguntar se a pessoa já usou a de neon para brincar de Star Wars com sabre de luz, mas sempre deixo passar. Tenho medo de carma e giros que o mundo dá. Certa vez em consulta para o pré-natal do João uma senhora me abordou só para lamentar minha gestação, que na cabeça dela, era indesejada. Quem iria querer quatro filhos? Só uma louca mesmo. Já pensei em criar um tique nervoso, sair descabelada, falando sozinha e assumir, enfim, minha loucura materna. Quem sabe eu pararia de ouvir as piadinhas de sempre em relação a minha vida sexual? Não entendo em que ponto isso se tornou público também.

— Tem televisão em casa, não?

— Tenho sim. E mais: celulares, notebook, ipod e até luzinhas de Natal, mas nada disso serve como método contraceptivo.

— Animada, hein?

— Que nada! Morro de preguiça. Vivo deitada e aproveito a posição para fazer mais filhos.

— E foi planejado?

— Nada! Estava andando pela rua calmamente e, acidentalmente, caí em cima de um pinto que, coincidentemente, era do meu marido.

Você não imagina a quantidade de vezes que tive de responder se todos os filhos eram do mesmo pai. Até que perdi a paciência, olhei nos olhos de um amigo do meu marido e disse seriamente:

— Olha, a gente não sabe. Vamos fazer um teste de DNA para ter certeza.

O olhar apavorado de quem não sabe o que dizer, exatamente como eu me sinto com a indicação de camisinhas que nunca usaria na vida. Ah, valeu meu dia. Será que isso dá rebote e volta em forma de DIU como presente de Natal?

CAPÍTULO 28

Meu filho não quer que eu transe

Como se não bastasse os choros fantasmas no meio do meu banho, o cocô no horário de almoço e acordar toda vez que ensaio um cochilo merecido, João deu agora para acordar nas vezes que eu e meu marido queremos transar. Se eu marcar um horário no dia aleatório do mês que vem, tenho a certeza que ele acordará para boicotar minha vida sexual.

Começa sempre com algumas reviradas no berço, logo quando estamos nas preliminares. Depois é choro e gritaria para se certificar que não continuaremos em outro cômodo da casa o que começamos aqui. Esta vida de sabotador é bastante cansativa, então às vezes ele só resmunga a fim de manter o compromisso pré-acordado entre ele e o universo de nos levar à exaustão, resultando, é claro, em uma noite de sono, muito diferente da noite de sexo que havíamos programado.

Notei a existência do plano maquiavélico há uns 10 meses quando, "acidentalmente", ele mordeu meu mamilo. Sangrou. Chorei. Ele também, se fazendo de vítima. A vítima sou eu, senhoras e senhores.

Veja bem, não se deixem enganar pelas dobrinhas e sorriso encantador do réu. Obviamente deve ter ouvido nossos planos pela manhã, resolveu entrar em ação e sabotar. A famosa frase "sangue, suor e lágrimas" finalmente fez sentido e entrou no contexto da maternidade.

Já tentei conversar, explicar que mamãe precisava daqueles minutinhos — ou seriam horas — com o papai. Contei que não corria o risco de outro bebê chegar, que o médico havia tirado tudo e me mostrado só para garantir. João, calmamente ouvindo, sentado no berço. Bem quando pensei estar sendo compreendida, ele me taca um carrinho na cara. Semana que vem conversaremos de novo.

CAPÍTULO 29

Mães não são confiáveis

Todo dia antes de dormir, entrego o copo para meu filho com seu leite morno. Ele, colocando o copo contra a luz, confere se está realmente com o leite dentro, inclina num ângulo de 45° para apurar cor e consistência, leva ao nariz para analisar todos os aromas que compõem sua bebida e por fim dá um pequeno gole, deixando o leite sobre a língua por 10 segundos visando, em seu paladar apurado, imergir por completo no sabor. Eu mesma dizer que está tudo bem, não basta. É isso, não sou confiável. Confesso publicamente meus erros que há dez anos depõem contra minha moral em dizer que sou uma boa mãe.

Sei que não foi bacana levar minha filha empolgadíssima para a escola em seu primeiro dia de aula e descobrir no cartaz colado em frente à escola que as aulas só começariam na semana seguinte. Também não foi legal na Festa Junina fazer a coitada perder a apresentação, quando eu mesma estava ao lado da caixa de som que anunciava cada dança. Foi assim: começa a tocar uma música, olho para baixo e está a Luiza se remexendo.

Percebo que é a apresentação dela que eu não ouvi sendo anunciada, saio correndo com a criança, quando chego, a dança termina. Mas não se aproxima da gafe colossal, e que me assombra até hoje, na apresentação de despedida da pré-escola que o Bernardo faria às 16h15 em ponto. Eu me atrasei, claro. Pior foi meu juramento feito a uma mãe que não poderia comparecer que eu filmaria tudo e enviaria para ela depois. Essa não tem salvação. Tudo bem que minha amiga deveria saber, ela também é mãe e as mães não são confiáveis.

Caio em contradição a todo instante. E ficará ainda pior quando eles crescerem e perceberem todas as mentiras que contei. Juro de pé junto que não minto nunca, mas peço para meu filho colocar o dentinho embaixo do travesseiro e na madrugada escura me movo como um ninja para colocar moedas de chocolate no lugar do dente. Ainda finjo surpresa pela manhã e peço uma das moedas para mim. Mães não são confiáveis e ainda são gulosas! É isso.

CAPÍTULO 30

Eu sei que sentirei falta

É sempre assim: você nunca acha que aquela vai ser a última vez e é.

A última palavrinha errada, a última mamada, o último sorriso sapeca daquela brincadeira que só vocês sabem. Luiza sabia cantar uma cantiga de roda de um jeito tão fofo, trocando algumas palavras, com coreografia e charme de sobra. Hoje se esqueceu da letra. E quando a lembrei, cantou com o português impecável. Puxei da memória a última vez que ela havia cantado "errado", mas gente, foi ontem mesmo, ou me pareceu ser.

Quando comecei a fazer faculdade, João foi se acostumando a dormir sem meu peito e eu boba, me sentindo livre, feliz por finalmente seguir em frente. Hoje lamento o tempo que não mais passamos juntos, as madrugadas frias, a solidão a dois.

O tempo pode ser tão cruel quanto é amigo. Apazigua, traz alívio e conforto, mas me priva de coisas tão preciosas!

E quando eles crescerem? Automaticamente voltarei a ser "eu"? Pertencerão à minha antiga vida? Todo o tempo dedicado não será mais necessário. Seremos mães órfãs de trabalho com os filhos? Eu imagino o futuro: sairemos pelos supermercados e pracinhas pedindo às mães em carreira ainda atuante uma esmolinha em forma de fralda suja? De papinha para fazer? De noite em claro preocupada. E as mães passando direito limitando-se a dizerem apenas um "hoje não" com o semblante fechado. Acredito que parte das avós são assim, por isso acabam se envolvendo tanto na criação dos netos. Muito amor acumulado depois que os filhos crescem, muito mimo e comidinhas gostosas guardadas esperando o momento certo. Vai tudo para os netos, sortudos.

Desde então passei a guardar com mais cuidado, a andar mais lentamente. Passei a observar e ficar perto, mais atenta a tudo. Porque um dia, qualquer dia desses, esse meu "tudo" não preencherá minha vida e isso não será um alívio, será saudade do que já não está mais aqui, do que passou e eu não vi.

CAPÍTULO 31

Quarentena das mães

Tudo começou como uma boa proposta para se ficar em casa logo após o carnaval. Renovei meu pacote da Netflix, contratei outros dois streamings, comprei livros de suspense, um deles do Stephen King. As crianças ganharam novos livros, até tiramos o video game do armário, afinal, estávamos de quarentena. Na minha cabeça seriam duas semanas e todos ficaríamos bem. Fiz supermercado, estoquei papel higiênico e vi a prateleira de macarrão instantâneo ficar vazia.

Não entendia o conceito Armagedon do brasileiro, lavávamos a máscara, lavávamos de novo e ainda passávamos água sanitária para reunir uma galera em festinha clandestina porque era o fim do mundo, portanto era necessário aproveitar os últimos minutos de vida. Pela primeira vez na vida vi mais álcool do lado de fora da latinha de cerveja do que dentro. E como gastamos com comida! A gente acha que o fim do mundo é o momento propício para aprender a cozinhar e lá se vão as economias comprando farinha e fermento químico para fazer pão e descobrir que o motivo real das pessoas comprarem pão na padaria não é falta de tempo, mas de habilidade.

Eu mesma fui para a cozinha, aprendi a fazer bolo, tentei fazer arroz de forno, fiz rocambole de carne e almôndegas para o jantar. Na internet as pessoas estavam desnorteadas, de manhã faziam piada sobre engordar na pandemia, na hora do almoço postavam receita e de noite uma reflexão bem deprimente, dia seguinte nos acordavam com #gratiluz e um dane-se para mundo.

Vivia confusa e logo a grana e a paciência se esgotaram. Fui para a cozinha, fiz batata frita, batata assada, purê de batata, batata com carne, batata refogada e foi assim que eu percebi que batata era nosso legume favorito por ser também o mais barato. As aulas virtuais começaram e jamais na vida sentirei tanta falta dos professores do que neste período. Pedagogia nunca foi meu forte. Frações também não, então nos lascamos ensinando a três crianças de séries diferentes assuntos dos mais diversos. Me sentia em um daqueles stand-up unindo uma piada sem noção na outra. Em uma mesma frase citava história, alfabetização e números primos, não tinha como isso dar certo. E não deu. Senti saudade do início e ao contar direitinho percebi que o início tinha sido há dois meses.

Nesta altura do campeonato, eu já me afundava em coca-cola que eu tomava escondido na xícara e soprava fingindo ser café, me viciei em jogos do Mário Bros e brigava com meus filhos para ser a primeira a jogar. Baixei Pokémon Go e vivi alienada em filmes antigos de comédia romântica. Assisti neste período mais Dirty Dancing do que sou capaz de contar. Ao final do dia eu só tinha na cabeça um pedido de casamento para o Patrick Swayze.

As crianças tinham as atividades para fazer e pelo menos uma vez no mês achei que a campainha tocando era o conselho tutelar pelas atividades atrasadas da escola ou pela confusão das crianças surtadas presas em casa. Todo mundo na verdade estava surtando. Teve dancinha no Tik Tok e eu tive raiva de quem sabia fazer direito. Eu não tinha coordenação motora nem para escovar os dentes, que dirá dublar e dançar ao mesmo tempo.

Já estamos nessa há um ano e no começo estava pior, mas agora está parecendo o começo, o que me confunde. Já me acostumei com a máscara e quando vejo filmes com festas e aglomerações, julgo me esquecendo que naquela época não havia pandemia. Meu medo é chegar ao fim do ano sem vacina e mais surtada do que de costume.

CAPÍTULO 32

Mêsversário é coisa de primeiro filho

A maternidade para mim é separada em duas partes: o primeiro filho e o que vier depois. Veja bem, existem características que só mãe de primeiro filho faz. Perdoe-me se você for exceção, mas minha pesquisa é fundamentada e fruto de muito trabalho de campo. Fala sério, mêsversário é coisa de filho único. Na foto a mãe com cara de que não dorme há dias, o pai ao lado sem entender bulhufas alienado — eu espero — pela falta de noites tranquilas e o bebê no colo ainda com cara de joelho russo, o humor de quem está ali só pelo tetê, logo à frente um bolo lindo, alguns docinhos que ele nem vai pode comer. Eu estaria de mau humor também se não pudesse comer brigadeiro.

A gente mede mesmo a ordem de nascimento dos filhos é pela quantidade de fotos. Primeiro filho, se colocar as fotos em sequência vira animação. Com o segundo filho, fotos só em ocasiões especiais, dependendo do grau de surto da mãe e do quanto o filho é bonito. Terceiro filho, mal do nascimento. O quarto... Prefiro não comentar.

A decoração do quarto do primeiro filho é feita com meses de antecedência, contrata-se até decorador, do segundo em diante a gente monta uma beliche. Nascimento de primeiro filho é sempre um acontecimento social, tem chá de revelação e chá de fraldas, tem lembrancinha na maternidade para quem for visitar, nos outros filhos a gente entende que parente não serve para outra coisa a não ser comer nosso estoque de congelados e dar palpite sem noção. O enxoval do primeiro filho é todo novo e com uma porção de coisas que nem precisamos de fato. Já no segundo reaproveitamos o do primeiro. O terceiro reaproveita do bebê das amigas e por aí vai.

Entenda, não é falta de amor, é praticidade. Aqui em casa, João, o quarto filho, reaproveitou tudo, de brinquedos a roupas. E não parece sofrer, viu? Quem sofre é a gente que socialmente é excluída. Onde já se viu fazer um filho e não alimentar 200 pessoas numa festinha íntima de uns 3 mil reais para ganhar 30 pacotes de fraldas e economizar? Onde já se viu não comprar um kit inteiro de mamadeiras da Avent dizendo que são ótimas em custo x benefício e usar o peito, veja só que absurdo, para amamentar o que nos custará vários nadas? Onde já se viu? Só essas mães hippies mesmo com um monte de filhos para pensar assim.

CAPÍTULO 33

Para um casamento dar certo

Para um casamento dar certo, sempre falam sobre equilíbrio, mas eu nunca havia parado para pensar no que exatamente estavam se referindo. Agora, por fim, entendo.

Quando um estiver surtado o outro tem que tentar manter a calma de um Dalai-lama. Quando um quiser desistir o outro precisa estar firme e falar coisas ridiculamente positivas mesmo com o mundo explodindo ao redor, na falta momentânea de amor e carinho, requer que o outro esteja ali rendido de braços abertos e uma vontade quase que suicida de tentar se aproximar do animal feroz, ali sem controle ao som do próprio desespero.

Olha, eu não te garanto a eficácia de 100%, mas tem funcionado aqui em casa. Ao primeiro sinal, meu marido começa a dar passos para trás, a mão à mostra mostrando que está rendido, olha em volta à procura de um doce e se tiver sorte de encontrar, jogar a uma distância segura em direção ao cônjuge sem controle emocional.

Ouvi dizer que casamentos oscilam entre anos ruins com anos bons, o meu está desregulado, são dois anos ruins, um ano bom e neste ano bom a gente faz um filho. Desse jeito não sei o que será de mim e da minha sanidade. Li um estudo ou as vozes da minha cabeça disseram que parte dos neurônios da mãe passa para os filhos. E observando bem, acredito ser verdade.

Meus filhos são muito mais espertos do que eu. Meu grau de estupidez está no nível de colocar achocolatado no coador de café, o que causa ainda mais atrito no casamento. Meu marido não entende que é apenas uma tentativa de dizer que preciso tomar um capuccino italiano na Itália, obviamente é notório que ele também não entende o meu senso de humor.

CAPÍTULO 34

Filhos são boas desculpas para não sair de casa

Minha mãe sempre me obrigava a ir àqueles churrascos de família e ainda escolhia a roupa. Virou trauma. Cresci e percebi que não preciso mais ir onde não gosto, exceto, ao trabalho, claro. Este, se eu gosto de comer, ter luz e água potável, preciso ir mesmo não querendo. Para todo o restante, me reservo o direito de não ir e ponto.

Obviamente, detesto magoar os excluídos do meu universo particular onde só me cabe e às minhas neuras. Percebi que inventar boas desculpas é uma forma educada de dizer "não, obrigada, eu prefiro bater o dedo mindinho na quina, do que ser obrigada a me socializar num domingo de manhã com pessoas que mal conheço e ter que falar do clima".

Foi na primeira saída frustrada pelo meu filho, que aparentemente tem este mesmo deficit social, que eu percebi o quanto eles são excelentes desculpas para não sair de casa. Veja só:

— Eu não posso, o bebê acabou de dormir e eu não quero desregular o sono dele.

— Não posso porque a criança está com um febrão de 36,7°.

— Não posso, estou indo na escola resolver um dente quebrado e possivelmente uma treta com a gangue pré-escolar que meu filho fundou.

— Não posso porque tive um imprevisto familiar.

— Menina, meu filho tá com intestino preso e não dá para sair de casa. Está tomando Activia na veia.

— Meu filho usou uma caneta permanente para desenhar órgãos genitais na testa do mais velho.

— Sua festa caiu bem no dia do novo episódio de Ladybug. Se eu sair de casa, essa criança me mata enquanto durmo.

— Acordei de madrugada e meu filho estava parado olhando para mim. Virou gatilho. Tenho que ver minha terapeuta hoje.

— Fui dançar uma música do Bita com meus filhos e deu uma travada na coluna. Estou de repouso.

— Estou de refém do lado de fora da casa para meu marido distrair as crianças e eu esconder os ovos de Páscoa que acabei de comprar.

— Era dia de pediatra do meu filho. Ele pediu o histórico médico, comecei a contar desde a gestação. Estou falando há duas horas e só cheguei aos 36 meses da criança. Acho que vai demorar...

— O menino colou amoeba no cabelo. Joguei no Google e até agora não sei o que fazer.

— Enquanto eu dormia, meu filho cortou uma mecha do meu cabelo. Estou parecendo aqueles atores de teatro independente com peruca esquisita.

— No supermercado dei a mão para a criança que estava com a roupa parecida com a do meu filho e agora estou dando depoimento à polícia tentando explicar que não sou uma sequestradora.

— Meu filho usou meu telefone para pedir 47 McLanche Feliz. Estou tentando cancelar.

— Meu filho pegou minha carteira, recortou os bichinhos das notas e fez uma colagem com minha foto que ele recortou da carteira de motorista.

— A criança jogando Pokémon Go no meu celular, mudou o calendário para 2008 e eu acabei confundindo as datas.

Viu só? Se combinar direitinho todo mundo sai ganhando, inclusive a criança constipada.

CAPÍTULO 35

Aquele com todos os cocôs

Lembro-me do meu filho, o rostinho angelical, banho recém-tomado, brincando alegremente no berço. Lembro-me de ter dado só uma saidinha do quarto e ao voltar havia lençóis, fronha, berço, brinquedos e até parede sujas de cocô. Nossos olhos se encontraram, o meu de total desespero, o dele de sapequice pura. Mesmo assim considerei como um dia de sorte.

Era em uma consistência mais firme, muito mais fácil de limpar. O coloquei na sala para que brincasse cercado e seguro enquanto eu limpava tudo. E foi só um minutinho, eu juro. Ao voltar, a sala estava completamente suja. Ele havia terminado o feito, desta vez em outra consistência e naquele exato instante brincava de escorregar nas próprias fezes enquanto passava as mãos nas paredes brancas e no sofá. Não, não foi um dia de muita sorte.

Teve aquela vez que eu levei minha filha ao shopping, linda vestida com seu macacão branco de bolinhas vermelhas. Ao levantar as perninhas para trocar, um jato bem no meio do peito. Tudo sujo com direito a efeito sonoro. Olho ao redor. Estou sozinha. Caio na gargalhada. Para ela uma roupinha nova da bolsa, para mim, cheirinho maravilhoso o resto do passeio.

Acredito que não exista relação mais próxima com outro ser humano na vida do que uma mãe que se preocupa com o aparelho excretor do seu bebê, inclusive com a consistência, cor e frequência das fezes. E por mais esquisito que seja contar, toda mãe já limpou cocô na nuca do seu bebê e você se pergunta "como é que foi parar ali?". É um dos mistérios da maternidade, isto e a capacidade de não dormirem nunca. Como pode?

Já passei muito aperto com crianças e cocôs. Tanto que é com convicção que afirmo: não basta abastecer malinha de bebê com roupa para uma viagem de 15 dias para a Europa, leve ao menos uma camiseta para você mesma.

Porque é exatamente no dia que você não se precaver que ele colocará todo o almoço no seu colo, pior ainda, fará em público, no ônibus lotado ou no táxi de um motorista mal-humorado. Considere-se sortuda se não o fizer no colo de um estranho. Aí sentimos vontade de construir uma nave espacial e ir para Marte, mas não dá. Não temos nem uma peça de roupa na mala. Viu só como é legal se precaver? Vai que eu preciso ir para Marte de repente?

CAPÍTULO 36

A mãe moderna em quarentena não tem um dia de paz

Uma amiga repórter está tendo que gravar em casa as matérias que ela faria no estúdio. O resultado foi um vídeo divertidíssimo de making of com criança que tropeça no tripé, que se enrosca no fio da Ring Light.

Crianças que brigam ao fundo ou passam se arrastando atrás da mãe na tentativa frustrada de não aparecerem na gravação. Está ali, tudo muito bem documentado, deveria inclusive virar um estudo, sair na Netflix, ser premiado por retratar com veracidade os fatos.

Eu não sei onde tenho conseguido paz para escrever. Larguei de lado as obrigações e horários. Só faço quando tenho tempo, disposição, bom humor e criatividade trabalhando em conjunto, obviamente, tenho produzido muito menos porque nunca consigo conciliar criatividade com bom humor.

Às vezes estou em um processo criativo muito bacana, mas devido aos acontecimentos do dia, só consigo pensar em várias formas de fugir do País. Outras vezes estou de bom humor, mas sem criatividade, então gasto tudo vendo Todo Mundo Odeia o Chris com meus filhos. Mas o pior ainda me aguardava: comecei um curso.

E desde então, não tenho um dia de paz. Há sempre uma criança acoplada nos braços ou como papagaio de pirata, no meu ombro, querendo aparecer na câmera.

Dia desses deixei meu áudio ligado e dei uma bronca no meu marido ao mesmo tempo, outra vez minha turma inteira me ouviu dando bronca em criança que não queria tomar banho, meu bebê já respondeu minha chamada sem eu saber e ativaram minha câmera quando eu estava com a cara mais aleatória e de pijamas.

A coisa passou do limite mesmo quando eu dissertava sobre um assunto enquanto tentava fazer meu bebê dormir e ele soltou um pum bem sonoro e eu vi a cara da professora tentando se conter no riso. Já fui soltando — péssima escolha de palavra — "foi meu bebê".

— Eu sei. Sempre é. — respondeu a professora em tom de sarcasmo.

Agora, para minha turma sou a mulher louca, que sofre com flatulência e que tem um monte de filhos para colocar a culpa neles quando soltar um pum. E isso, infelizmente, não vira um documentário, só me expõe ao ridículo mesmo.

FIM

Este livro foi composto com tipologias American Typewriter,
Gotham, Orator Std e Times New Roman e impresso em
papel offset noventa gramas.

São Paulo, novembro de dois mil e vinte e um.